毎日5分間でやる気脳に

このドリルは、国語の基礎・基本を
細かいステップで組み立ててあり、
短時間で、順を追って無理なく学習できます。
子どもたちが興味を持って取り組めるよう
短い内容でのせています。

お子さんが一ページやり終えるごとに
しっかりほめてあげてください。

ほめられることで脳から
ドーパミン（脳のホルモン）が出て、
「やる気が育つ」ことが
科学的に確認されています。

「5分間国語ドリル」で、
やる気脳を育てましょう！

「ドリルをする」
←
「ほめられる」
←
「ドーパミンが出る」
←
「やる気が育つ」

この循環で、子どもの脳はきたえられ、
かしこくなっていきます。
そうなるように工夫して、このドリルを
作りました。

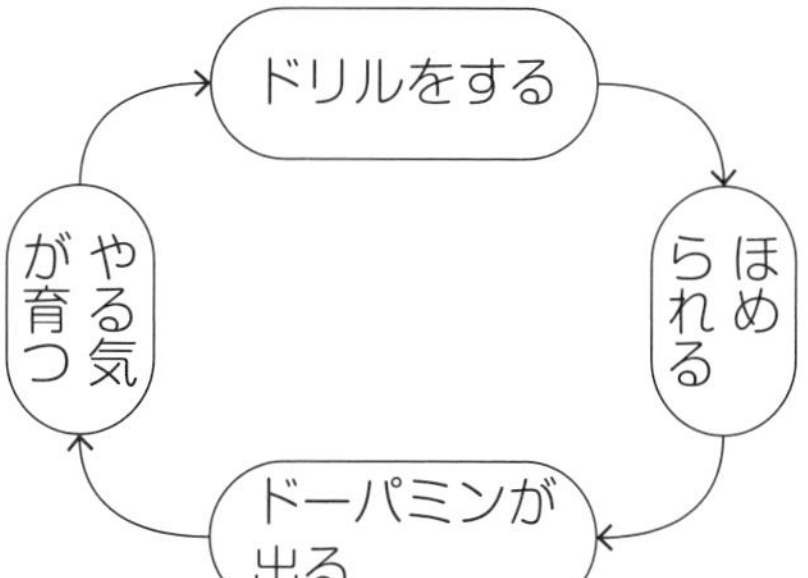

5分間国語ドリルの特色

●一日5分、集中してできる

子どもたちが興味を示しそうな内容を短い文章・設問にしたので、楽しく取り組めます。

●毎日続けられる

家庭学習の習慣がつきます。

●丸つけも、かんたん

問題数が少ないので、丸つけも負担になりません。

つまった問題は、もう一度挑戦してください。

タイトル		できた度			タイトル		できた度		
1	熟語の構成	☆	☆☆	☆☆☆	21	俳句・短歌	☆	☆☆	☆☆☆
2	敬語①	☆	☆☆	☆☆☆	22	漢字の成り立ち	☆	☆☆	☆☆☆
3	敬語②	☆	☆☆	☆☆☆	23	名詞①	☆	☆☆	☆☆☆
4	敬語③	☆	☆☆	☆☆☆	24	名詞②	☆	☆☆	☆☆☆
5	敬語④	☆	☆☆	☆☆☆	25	動詞①	☆	☆☆	☆☆☆
6	学習で使う言葉	☆	☆☆	☆☆☆	26	動詞②	☆	☆☆	☆☆☆
7	ローマ字①	☆	☆☆	☆☆☆	27	形容詞①	☆	☆☆	☆☆☆
8	ローマ字②	☆	☆☆	☆☆☆	28	形容詞②	☆	☆☆	☆☆☆
9	主語・述語①	☆	☆☆	☆☆☆	29	形容動詞	☆	☆☆	☆☆☆
10	主語・述語②	☆	☆☆	☆☆☆	30	副詞	☆	☆☆	☆☆☆
11	接続語①	☆	☆☆	☆☆☆	31	対義語①	☆	☆☆	☆☆☆
12	接続語②	☆	☆☆	☆☆☆	32	対義語②	☆	☆☆	☆☆☆
13	和語・漢語・外来語①	☆	☆☆	☆☆☆	33	同訓異字①	☆	☆☆	☆☆☆
14	和語・漢語・外来語②	☆	☆☆	☆☆☆	34	同訓異字②	☆	☆☆	☆☆☆
15	複合語①	☆	☆☆	☆☆☆	35	似た意味をもつ漢字	☆	☆☆	☆☆☆
16	複合語②	☆	☆☆	☆☆☆	36	反対の意味をもつ漢字	☆	☆☆	☆☆☆
17	慣用句①	☆	☆☆	☆☆☆	37	四字熟語①	☆	☆☆	☆☆☆
18	慣用句②	☆	☆☆	☆☆☆	38	四字熟語②	☆	☆☆	☆☆☆
19	ことわざ①	☆	☆☆	☆☆☆	39	四字熟語③	☆	☆☆	☆☆☆
20	ことわざ②	☆	☆☆	☆☆☆	40	四字熟語④	☆	☆☆	☆☆☆

タイトル		できた度			タイトル		できた度		
41	漢字クロス①	☆	☆☆	☆☆☆	**61**	徒然草（つれづれぐさ）	☆	☆☆	☆☆☆
42	漢字クロス②	☆	☆☆	☆☆☆	**62**	手ぶくろを買いに	☆	☆☆	☆☆☆
43	漢字クロス③	☆	☆☆	☆☆☆	**63**	花のき村と盗人たち	☆	☆☆	☆☆☆
44	送りがな①	☆	☆☆	☆☆☆	**64**	吾輩は猫である	☆	☆☆	☆☆☆
45	送りがな②	☆	☆☆	☆☆☆	**65**	サーカスの少年	☆	☆☆	☆☆☆
46	同音異義語①	☆	☆☆	☆☆☆	**66**	竹取物語 （たけとりものがたり）	☆	☆☆	☆☆☆
47	同音異義語②	☆	☆☆	☆☆☆	**67**	注文の多い料理店	☆	☆☆	☆☆☆
48	同音異義語③	☆	☆☆	☆☆☆	**68**	一ふさの　ぶどう	☆	☆☆	☆☆☆
49	同音異義語④	☆	☆☆	☆☆☆	**69**	枕草子（まくらのそうし）	☆	☆☆	☆☆☆
50	類義語①	☆	☆☆	☆☆☆	**70**	平家物語 （へいけものがたり）	☆	☆☆	☆☆☆
51	類義語②	☆	☆☆	☆☆☆	**71**	熱を下げる	☆	☆☆	☆☆☆
52	熟字訓①	☆	☆☆	☆☆☆	**72**	富士山	☆	☆☆	☆☆☆
53	熟字訓②	☆	☆☆	☆☆☆	**73**	お寺と神社	☆	☆☆	☆☆☆
54	熟字訓③	☆	☆☆	☆☆☆	**74**	神の使い？ 奈良公園の鹿	☆	☆☆	☆☆☆
55	漢字の書き①	☆	☆☆	☆☆☆	**75**	太平洋と大西洋	☆	☆☆	☆☆☆
56	漢字の書き②	☆	☆☆	☆☆☆	**76**	牛乳パックの リサイクル	☆	☆☆	☆☆☆
57	漢字の書き③	☆	☆☆	☆☆☆	**77**	ねこと　ことわざ	☆	☆☆	☆☆☆
58	漢字の読み①	☆	☆☆	☆☆☆	**78**	にじ（虹）	☆	☆☆	☆☆☆
59	漢字の読み②	☆	☆☆	☆☆☆	**79**	うさぎの数え方	☆	☆☆	☆☆☆
60	漢字の読み③	☆	☆☆	☆☆☆	**80**	一寸法師の身長は？	☆	☆☆	☆☆☆

1 熟語の構成

二字熟語《じゅくご》の構成《こうせい》には、次のようなものがあります。

㋐ 似《に》た意味を表す　○＝△　岩石　道路
㋑ 対《つい》になっている　○⇕△　上下　左右
㋒ 上の漢字が下の漢字をくわしくしている　○↓△　大木（大きな木）鉄橋（鉄の橋）
㋓ 下の漢字が上の漢字にかかっている　○↑△　読書（書を読む）犯罪《はんざい》（罪《つみ》を犯《おか》す）
㋔ 上の漢字が下の漢字を打ち消す　×↑○　不満　未定

次の熟語の構成は、㋐～㋔のどれにあたりますか。

①乗船（　　）　②新車（　　）　③非行《ひこう》（　　）
④終始（　　）　⑤禁止《きんし》（　　）　⑥高山（　　）

月　日

2 敬語①

敬語《けいご》には、三種類の言い方があります。正しくなるように線で結びましょう。

① 尊敬語《そんけいご》 ・　　・ ㋐ 相手に対してていねいに言う言い方。
〜です。　〜ます。　お金、ご卒業

② 謙譲語《けんじょうご》 ・　　・ ㋑ 相手を高めて言う言い方。
特別な言葉「いらっしゃる」「めし上がる」
お（ご）〜になる「お読みになる」
れる　られる「来られる」「話される」

③ ていねい語 ・　　・ ㋒ 自分がへり下ることで相手を高める言い方。
特別な言葉「いただく」「申し上げる」
お（ご）〜する「お送りする」「ご案内する」

3 敬語②

月　　日

1 次の図の①～③は、㋐尊敬語《そんけいご》、㋑謙譲語《けんじょうご》、㋒ていねい語のどれにあたりますか。（　　）に記号で書きましょう。

①
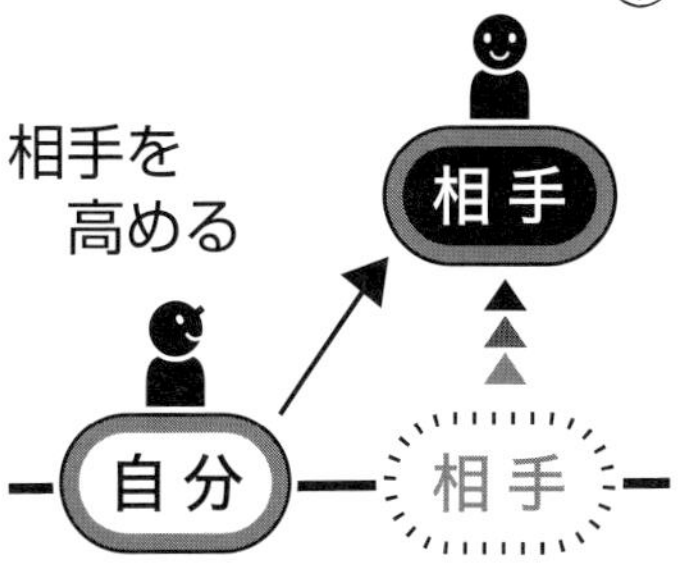

（　　）

②
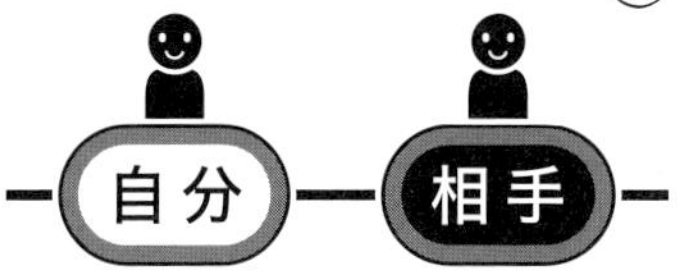

（　　）

③
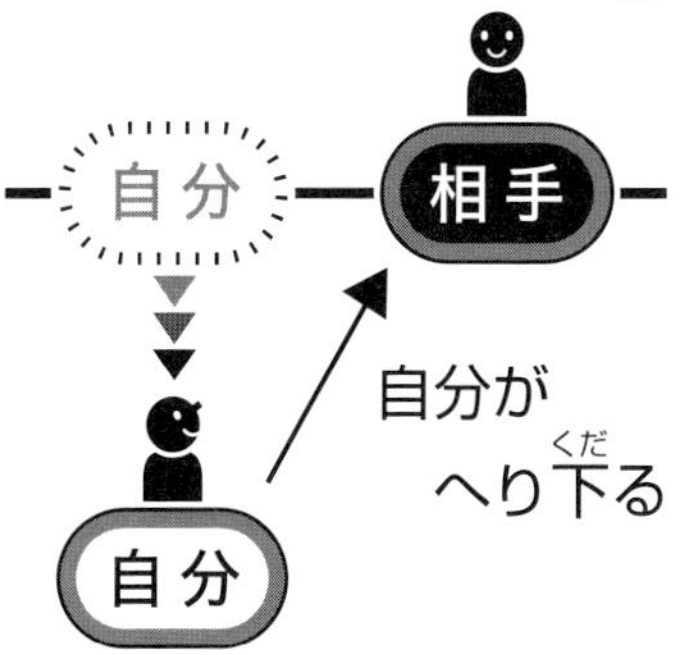

（　　）

2 ～～の言葉は、1の㋐、㋑、㋒のどれにあたりますか。

① わたしは、五年生です。（　　）

② わたしは、夕食をいただきます。（　　）

③ 王様が、朝食をめし上がった。（　　）

月　日

4 敬語③

次の文で正しい敬語《けいご》を使っている文に○を、まちがっている文に×をつけましょう。

①（　）パンとご飯、どちらにいたしますか。

②（　）あなたにお目にかかれてうれしいです。

③（　）どうぞ、ジュースをいただいてください。

④（　）先生が申されたことは正しいです。

⑤（　）お客さまがいらっしゃいました。

月　日

5 敬語④

次の言葉の尊敬語《そんけいご》と謙譲語《けんじょうご》を□から選んで書きましょう。

	尊敬語	謙譲語
① 行く	（　）	（　）
② 言う	（　）	（　）
③ 見る	（　）	（　）
④ 食べる	（　）	（　）
⑤ あげる	（　）	（　）

㋐ いただく
㋑ くださる
㋒ おっしゃる
㋓ めし上がる
㋔ いらっしゃる
㋕ ごらんになる
㋖ 差し上げる
㋗ うかがう
㋘ 拝見《はいけん》する
㋙ 申し上げる

6 学習で使う言葉

1 次の語句《ごく》と説明が合うように線を結びましょう。

① 要旨《ようし》 ・　　・㋐ 話や文章の重要なポイント

② 要約 ・　　・㋑ 話や文章の中心となる内容《ないよう》のこと

③ 要点 ・　　・㋒ 話や文章の内容を短くまとめること

2 （　）に、「作者」か「筆者」を入れましょう。

・ふつう、詩や物語文の書き手を（　　）、説明文や論説文《ろんせつぶん》（意見を述《の》べて説明する文）の書き手を（　　）といいます。

月　日

7 ローマ字①

次のローマ字を読んで、ひらがなで書きましょう。
小学校では、主に訓令式《くんれいしき》という書き方で表しますが、
このページでは、ヘボン式で表しています。

① Hokkaido
(　　　　)

② Aomori
(　　　　)

③ Tochigi
(　　　　)

④ Gifu
(　　　　)

⑤ Shizuoka
(　　　　)

⑥ Kyoto
(　　　　)

⑦ Hyogo
(　　　　)

⑧ Tottori
(　　　　)

⑨ Kochi
(　　　　)

⑩ Okinawa
(　　　　)

月　日

8 ローマ字②

次の地名を読み、ひらがなで書きましょう。
小学校では主に訓令式《くんれいしき》という書き方で表しますが、
このページでは、ヘボン式で表しています。

① 出雲　Izumo
(　　　　　　　)

② 日向　Hyuga
(　　　　　　　)

③ 対馬　Tsushima
(　　　　　　　)

④ 美作　Mimasaka
(　　　　　　　)

⑤ 百道　Momochi
(　　　　　　　)

⑥ 百済　Kudara
(　　　　　　　)

⑦ 信楽　Shigaraki
(　　　　　　　)

⑧ 富津　Futtsu
(　　　　　　　)

⑨ 石神井　Shakujii
(　　　　　　　)

⑩ 弟子屈　Teshikaga
(　　　　　　　)

月　日

9 主語・述語①

次の文の主語に——を、述語《じゅつご》に〰〰を引きましょう。

① わたしは、本を　読みました。

② きのうは、雨が　ふった。

③ 夏休みに、花火大会が　あった。

④ 赤くて　大きな　花が、たくさん　さいた。

⑤ おいしいな、この　おすしは。

月　日

10 主語・述語②

次の文の主語に――を、述語《じゅつご》に～～を引きましょう。

① 雨が　ふり、風が　ふいた。

② 弟が　走り、兄が　追いかけた。

③ 姉が　読んだ　本は、おもしろい。

④ わたしが　食べた　カレーは、からかった。

⑤ 父が　作った　料理は、いつも　おいしい。

月　日

11 接続語①

次の（　）にあてはまる言葉を［　］から選んで書きましょう。

① 熱が出た。（　　　）学校を休んだ。

② 熱が出た。（　　　）学校に行った。

③ 熱が出た。（　　　）せきも出てきた。

④ 熱が出た。（　　　）かぜを引いたからだ。

⑤ 熱が出た。かぜ？（　　　）熱中症《ねっちゅうしょう》？

なぜなら　それとも　さらに　だから　しかし

月　日

12 接続語②

次の（　）にあてはまる言葉を［　］から選んで書きましょう。

① がんばった（　　）、ゆう勝《しょう》できた。

② がんばった（　　）、負けてしまった。

③ がんばれ（　　）、勝てると思う。

④ がんばって（　　）、勝てないだろう。

⑤ がんばらない（　　）、勝てない。

［ と　ば　も　けど　から ］

月　日

13 和語・漢語・外来語①

次の言葉は、㋐和語　㋑漢語　㋒外来語のどれですか。記号で答えましょう。

漢語…中国から入ってきた言葉。漢字で書いたときに音（おん）で読む。
和語…もともと日本にあった言葉。漢字で書いたときに訓（くん）で読む。
外来語…漢語以外の外国から入ってきた言葉。ふつう、かたかなで書く。

① 台風（　）
② 火山（　）
③ ビル（　）
④ 山道（　）
⑤ 歌手（　）
⑥ ドア（　）
⑦ 落下（　）
⑧ 右手（　）
⑨ バス（　）
⑩ 花火（　）
⑪ パン（　）
⑫ 秋風（　）

㋐ 和語　㋑ 漢語　㋒ 外来語

月　日

14 和語・漢語・外来語②

次の言葉で、漢語の読み方を（　）に、和語の読み方を〔　〕に書きましょう。

	漢語	和語
① 色紙	（しきし）	〔　〕
② 草原	（　）	〔　〕
③ 国境	（　）	〔　〕
④ 風車	（　）	〔　〕
⑤ 市場	（　）	〔　〕

月　日

15 複合語①

二つ以上の言葉を組み合わせて新しい言葉になったものを、複合語《ふくごうご》と言います。

次の言葉を組み合わせて複合語を作りましょう。

	ひらがな	漢字
① あお＋そら	（　　）	（　　）
② むかし＋はなし	（　　）	（　　）
③ しろ＋ゆき	（　　）	（　　）
④ あめ＋くも	（　　）	（　　）
⑤ かぜ＋くるま	（　　）	（　　）

月　日

16 複合語②

複合語《ふくごうご》には、次の六つの組み合わせがあります。

□の中の複合語はどの組み合わせですか。（　）に記号を書きましょう。

① 和語 ＋ 和語（　）

② 漢語 ＋ 漢語（　）

③ 外来語 ＋ 外来語（　）

④ 和語 ＋ 漢語（　）

⑤ 和語 ＋ 外来語（　）

⑥ 漢語 ＋ 外来語（　）

㋐ 消しゴム
㋑ 山火事
㋒ 野菜カレー
㋓ 団体旅行
㋔ ガスストーブ
㋕ 冬休み

17 慣用句①

次の慣用句《かんようく》の意味を線で結びましょう。

① 頭にくる　・
② 目をかける　・
③ 耳がいたい　・
④ 鼻が高い　・
⑤ 口が軽い　・
⑥ 手を焼く　・
⑦ 足が出る　・

・㋐ ひいきにする　大事に育てる
・㋑ 自分の失敗などを聞くのがつらい
・㋒ ほこらしい　得意《とくい》になる
・㋓ かっとなる
・㋔ 言ってはいけないことを言う
・㋕ 予算をこえる　赤字になる
・㋖ てこずる　もてあます

月　日

18 慣用句②

次の慣用句《かんようく》の意味を線で結びましょう。

① とらの子　・　　・㋐ 物事が急に上がったり増《ふ》えたりする

② ねこの目のよう　・　　・㋑ 大切にしているもの

③ ぬれねずみ　・　　・㋒ とても変わりやすい

④ うなぎ登り　・　　・㋓ 服のままびしょびしょになる

⑤ 馬が合う　・　　・㋔ まともに相手にする気になれない

⑥ 虫が好かない　・　　・㋕ 相性《あいしょう》がよい

⑦ 犬も食わない　・　　・㋖ 何となく気に入らない

月　日

19 ことわざ①

似《に》ている意味のことわざを線で結びましょう。

① さるも木から落ちる
（上手な人でも、失敗することがある）

② 急がば回れ
（急ぐ時こそ回り道でも落ち着いてする）

③ あぶはち取らず
（よくばりすぎるとどちらも得られない）

④ ねこに小判《こばん》（※昔のお金）
（大事さを知らなければ意味がないこと）

⑤ 百聞《ひゃくぶん》は一見にしかず
（百回聞くより一回見た方がよくわかる）

㋐ 急《せ》いては事をし損《そん》じる

㋑ ぶたに しんじゅ

㋒ 弘法《こうぼう》も筆のあやまり
（※弘法―おぼうさんの名前）

㋓ 二《に》兎《と》を追う者は一兎をも得《え》ず
（※兎―うさぎ）

㋔ 論《ろん》より しょうこ

20 ことわざ②

反対の意味のことわざを線で結びましょう。

① 三度目の正直
（失敗しても、三度目にはうまくいくこと）

② 君子《くんし》は危《あや》うきに近寄《よ》らず
（りっぱな人はあぶないことに近づかない）

③ わたる世間におにはない
（世の中にはやさしい人もたくさんいる）

④ 立つ鳥後をにごさず
（去る時は、後始末をきちんとするべき）

⑤ 一石二鳥
（一つのことをして、二つの得《とく》をすること）

㋐ 虎穴《こけつ》に入らずんば虎子《こじ》を得《え》ず
（※虎穴―とらのあな）（※虎子―とらの子）

㋑ 人を見れば　どろぼうと思え

㋒ 二度あることは三度ある

㋓ あぶはち取らず

㋔ 旅のはじは　かきすて

21 俳句・短歌

俳句《はいく》のことを述《の》べている文に「は」、短歌のことを述べている文には「た」を、（　）に書きましょう。

①（　）五七五の十七音で表現《ひょうげん》されている。

②（　）五七五七七の三十一音で表現されている。

③（　）百人一首も、この仲間である。

④（　）季語を入れる約束がある。

⑤（　）奈良時代に作られた万葉集から千年以上の伝統《でんとう》がある。

⑥（　）江戸《えど》時代にさかんになり、松尾芭蕉《まつおばしょう》、与謝蕪村《よさぶそん》が有名である。

22 漢字の成り立ち

漢字の成り立ちには、次の四つがあります。説明と漢字が正しくなるように線で結びましょう。

① 象形《しょうけい》・　・㋐ 目に見えない事がらを印や記号で表したもの　・　・Ⓐ 校 草

② 指事《しじ》・　・㋑ 物の形をそのままえがいたもの　・　・Ⓑ 森 岩

③ 会意《かいい》・　・㋒ 音と意味を表す部分を組み合わせたもの　・　・Ⓒ 上 本

④ 形声《けいせい》・　・㋓ 漢字の意味を組み合わせたもの　・　・Ⓓ 山 月

月　日

23 名詞①

物事《ものごと》の名前を表す言葉を「名詞《めいし》」と言います。

(例) 犬・ぼく・勇気・一さつ・あれ・六時・アメリカ・きょう

次の文から名詞を選び、（　）に書きましょう。

① 美しい花が三本さいている。
（　　　）（　　　）

② きのう、はげしい雨がふった。
（　　　）（　　　）

③ 東京を十時に出ます。
（　　　）（　　　）

④ 姉がかいた絵は、すばらしい。
（　　　）（　　　）

⑤ あしたは、どこに行くのですか。
（　　　）（　　　）

月　日

24 名詞②

次の言葉の形を変えて、名詞《めいし》にしましょう。

① 広い　広さ

② 暑い

③ 遠い

④ 遊ぶ

⑤ 笑う

⑥ 走る

⑦ 急ぐ

⑧ 好む

月　日

25 動詞①

物事《ものごと》の動作や作用、いる・あるを表す言葉を「動詞《どうし》」と言います。
（例）歩く・泣く・いる

次の文の中で、動詞に――を引きましょう。

〈例〉父はカレーを食べる。／姉は英語の勉強をする。

① 兄は、駅まで　全力で　走る。

② 遠くに　高い　ビルが　たくさん　見えた。

③ 夜空に　キラキラと　かがやく　多くの　星。

④ あらった　くつ下の　数は、五足。

⑤ つくえの　上に　消しゴムが　ある。

月　日

26 動詞②

（　）の動詞を、文に合う形に変えて書きましょう。

①（喜《よろこ》ぶ）　兄は、合格《ごうかく》して□□でいた。

②（歌う）　さあ、みんなで□□□。

③（行く）　雨で、遠足には□□なくて残念だった。

④（走る）　速く□□ば間に合う。

⑤（いる）　しばらくここに□□ください

月　日

27 形容詞①

物事《ものごと》の様子を表す言葉で、言い切りの形が「〜い」で終わるものを、「形容詞《けいようし》」と言います。〈例〉大きい・高い・うれしい

次の文の中で、形容詞に――を引きましょう。

〈例〉安く品物が買《か》えてうれしい。

① 美しい　花が　たくさん　さいている。

② 父が　作った　カレーは、おいしかった。

③ い戸《ど》の　水は、とても　冷たい。

④ なつかしい　友だちに、きのう　会った。

⑤ 先日、新しい　くつを　買った。

月　日

28 形容詞②

（　）の言葉を、文に合う形に変えて書きましょう。

①（白い）雪がふって、辺り一面□□なった。

②（安い）その品物が□□□ば買います。

③（暑い）去年の夏は、□□□た。

④（広い）へやは□□□ば□□ほど良い。

月　日

29 形容動詞

物事《ものごと》の性質《せいしつ》や様子を表す言葉で、言い切りの形が「〜だ」で終わるものを「形容動詞《けいようどうし》」と言います。〈例〉のどかだ・幸せな

次の文で形容動詞に——を引きましょう。

〈例〉人間には、十分な休養が必要です。

① 町は、とても　にぎやかだ。

② 走り回っている　少年は、いつも　元気だ。

③ 妹は、おいしい　ラーメンが　好きだ。

④ きれいな　花が　いっぱい　さいている。

⑤ 向こうから　上品そうな　人が　歩いてくる。

30 副詞

様子《ようす》を表す言葉を「副詞《ふくし》」と言います。
(例) ゆっくり・もうすぐ・きっと

次の文の中で、副詞に――を引きましょう。

〈例〉父は、あまり　怒らない　人です。

① 毎朝、さっと　起きる。

② この　道を　ずっと　行くと　駅だ。

③ 昨日《きのう》は、かなり　つかれた。

④ 大勢《おおぜい》の　人が　ぞろぞろ　ついてきた。

⑤ 今年《ことし》の　夏は、とても　暑い。

月　日

31 対義語①

次の言葉の、反対の意味の熟語《じゅくご》（対義語《たいぎご》）を書きましょう。

① 直接《ちょくせつ》（　　）
② 勝利（　　）
③ 賛成《さんせい》（　　）
④ 清潔《せいけつ》（　　）
⑤ 増加《ぞうか》（　　）
⑥ 集合（　　）
⑦ 原因《げんいん》（　　）
⑧ 苦手（　　）
⑨ 個人《こじん》（　　）
⑩ 絶対《ぜったい》（　　）

減少　間接　団体　解散　得意　反対　敗北　不潔　結果　相対

32 対義語②

月　日

次の言葉の、反対の意味の熟語《じゅくご》（対義語《たいぎご》）を□から選んで作りましょう。

① 現実《げんじつ》（　　）

② 禁止《きんし》（　　）

③ 肉体（　　）

④ 移動《いどう》（　　）

⑤ 内容《ないよう》（　　）

許《きょ》	固	理	精《せい》	式
神	想	形	可《か》	定

月　日

33 同訓異字①

同じ訓読《くんよ》みを持つ、異《こと》なる漢字を同訓異字《どうくんいじ》といいます。
次の文の□にあてはまる漢字を書きましょう。

①
病気を□《なお》す。
文を□《なお》す。

②
重さを□《はか》る。
長さを□《はか》る。

③
司会を□《つと》める。
解決《かいけつ》に□《つと》める。

④
かぜを□《うつ》す。
文字を□《うつ》す。

月　日

34 同訓異字②

次の文の□にあてはまる漢字を書きましょう。

①
チームが□《やぶ》れる。
紙が□《やぶ》れる。

②
虫が□《な》く。
弟が□《な》く。

③
文章に□《あらわ》す。
すがたを□《あらわ》す。

④
□《あつ》い夏。
□《あつ》い湯。
□《あつ》い本。

月　日

35 似た意味をもつ漢字

□の中の漢字から、意味の似《に》た二字を選んで熟語《じゅくご》を作りましょう。

〈例〉安（たやすい）＋易（たやすい）＝安易《あんい》

①　②　③　④　⑤　⑥　⑦　⑧　⑨　⑩

上の字

河《か》　想　増《ぞう》　清　応《おう》
計　救《きゅう》　減《げん》　過《か》　停《てい》

下の字

助　去　答　上　川
像《ぞう》　少　画　潔《けつ》　加

36 反対の意味をもつ漢字

□の中の漢字から、反対の意味をもつ二字を選んで熟語《じゅくご》を作りましょう。

〈例〉勝（かつ）＋負（まける）＝勝負

①

②

③

④

⑤

⑥

⑦

⑧

⑨

⑩

上の字

損《そん》　貸《たい》　授《じゅ》　悲《ひ》　往《おう》　夫　貧《ひん》　文　増《ぞう》　新

下の字

妻《さい》　旧《きゅう》　武《ぶ》　減《げん》　借　得《とく》　受　復《ふく》　喜　富

37 四字熟語①

□から選んで、四字熟語《よじじゅくご》を作り、その読みも書きましょう。

① 一刀□□（　　）

③ 運転□□（　　）

⑤ 液体□□（　　）

⑦ 各駅□□（　　）

② 右往□□（　　）

④ 衛星□□（　　）

⑥ 快速□□（　　）

⑧ 気象□□（　　）

停　観　左　燃　両　電　技　放
車　測　往　料　断　車　術　送

38 四字熟語②

月　日

□から選んで、四字熟語《よじじゅくご》を作り、その読みも書きましょう。

① 血液□□（　　）

② 健康□□（　　）

③ 言語□□（　　）

④ 講和□□（　　）

⑤ 再三□□（　　）

⑥ 自画□□（　　）

⑦ 予防□□（　　）

⑧ 修学□□（　　）

検	保	旅	自	接	再	道	条
査	険	行	賛	種	四	断	約

39 四字熟語③

月　日

［　］から選んで、四字《よじ》熟語《じゅくご》を作り、その読みも書きましょう。

① 植物□□（　　）

② 賞味□□（　　）

③ 義務□□（　　）

④ 適材□□（　　）

⑤ 天気□□（　　）

⑥ 一挙□□（　　）

⑦ 独立□□（　　）

⑧ 全知□□（　　）

採　両　予　独　全　適　期　教

集　得　報　歩　能　所　限　育

40 四字熟語④

月　日

□から選んで、四字熟語《よじじゅくご》を作り、その読みも書きましょう。

① 絶体□□（　　）

② 反面□□（　　）

③ 国際□□（　　）

④ 暴飲□□（　　）

⑤ 防災□□（　　）

⑥ 予行□□（　　）

⑦ 天下□□（　　）

⑧ 加工□□（　　）

貿	訓	演	連	絶	教	暴	統
易	練	習	合	命	師	食	一

月　日

41 漢字クロス①

□から一字を選んで、矢印の向きに二字の熟語《じゅくご》を作りましょう。

①

守
↓
防 → □ → 星
↓
生

②

山
↓
葉 → □ → 色
↓
貝

③

許
↓
不 → □ → 能
↓
決

④

花
↓
受 → □ → 末
↓
雪

可　桜　粉　衛

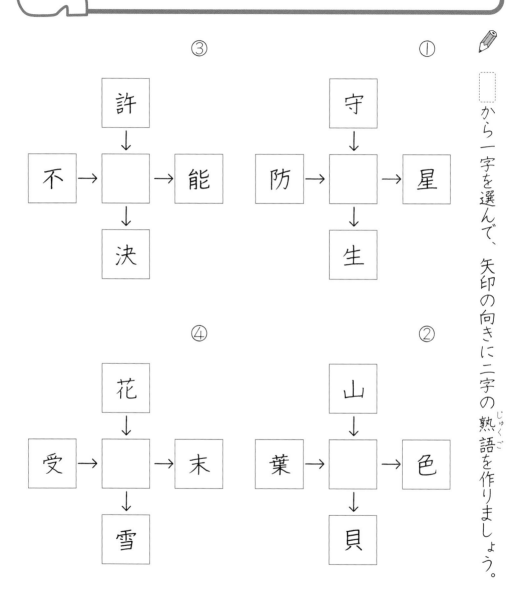

月　　日

42 漢字クロス②

□から一字を選んで、矢印の向きに二字の熟語《じゅくご》を作りましょう。

①

主 ↓ □

防 → □ → 行

□ ↓ 人

②

予 ↓ □

速 → □ → 告

□ ↓ 道

③

内 ↓ □

美 → □ → 積

□ ↓ 器

④

伝 ↓ □

血 → □ → 計

□ ↓ 一

犯　容　報　統

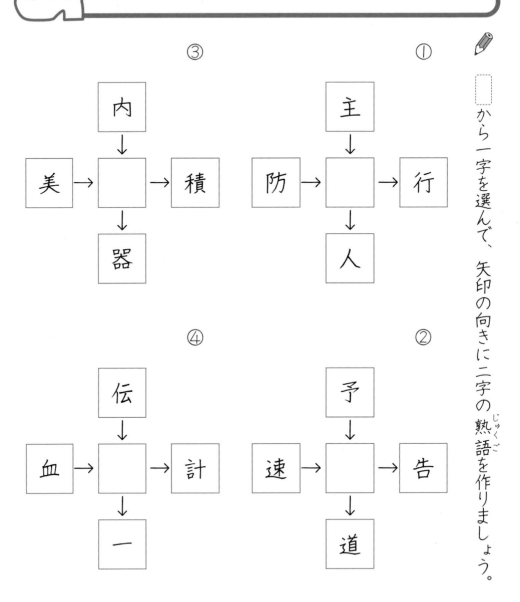

月　日

43 漢字クロス③

□から一字を選んで、矢印の向きに二字の熟語《じゅくご》を作りましょう。

①

↑ 力

道 ← □ → 器

↓ 士

②

↑ 名

定 ← □ → 説

↓ 面

③

↑ 本

準 ← □ → 金

↓ 地

④

↑ 住

植 ← □ → 動

↓ 民

仮　武　基　移

44 送りがな①

月　　日

送りがなの正しい方を（　　）に書きましょう。

①（いとなむ）
営む
営なむ
（　　）

②（たしかめる）
確める
確かめる
（　　）

③（ことわる）
断る
断わる
（　　）

④（ついやす）
費す
費やす
（　　）

⑤（ふえる）
増る
増える
（　　）

⑥（みちびく）
導く
導びく
（　　）

⑦（いさぎよい）
潔い
潔よい
（　　）

⑧（あらわれる）
現れる
現われる
（　　）

45 送りがな②

送りがなの正しい方を（　　）に書きましょう。

①（こころざす）
志す
志ざす
（　　）

②（つげる）
告る
告げる
（　　）

③（せめる）
責る
責める
（　　）

④（まかす）
任す
任かす
（　　）

⑤（まじる）
混る
混じる
（　　）

⑥（よろこぶ）
喜ぶ
喜こぶ
（　　）

⑦（こころよい）
快い
快よい
（　　）

⑧（いきおい）
勢い
勢おい
（　　）

月　日

46 同音異義語①

同じ読みをもつ、異《こと》なる意味の熟《じゅく》語《ご》を同音異義語《どうおんいぎご》といいます。次の文に合う熟《じゅく》語《ご》を書きましょう。

①
□□《かいせい》の空。
□□《かいせい》された規則《きそく》。

②
ビルが□□《かんせい》する。
□□《かんせい》が豊《ゆた》かな人。

③
病院の□□《いし》。
□□《いし》の強い人。

④
食品□□《えいせい》。
□□《えいせい》放送。

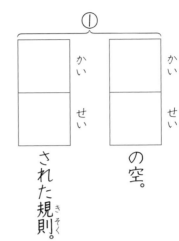

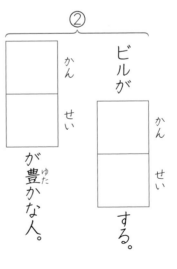

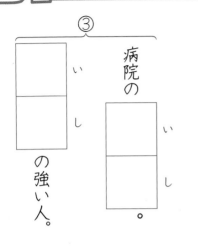

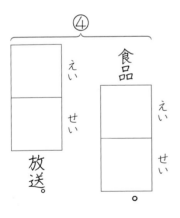

47 同音異義語②

月　　日

次の文に合う熟語《じゅくご》を書きましょう。

①
- □《えん》□《げい》用の土。
- □《えん》□《げい》会を見る。

②
- 友と□《さい》□《かい》する。
- 試合を□《さい》□《かい》する。

③
- □《かん》□《こう》バスに乗る。
- 本を□《かん》□《こう》する。

④
- クイズの□《かい》□《とう》。
- アンケートの□《かい》□《とう》。

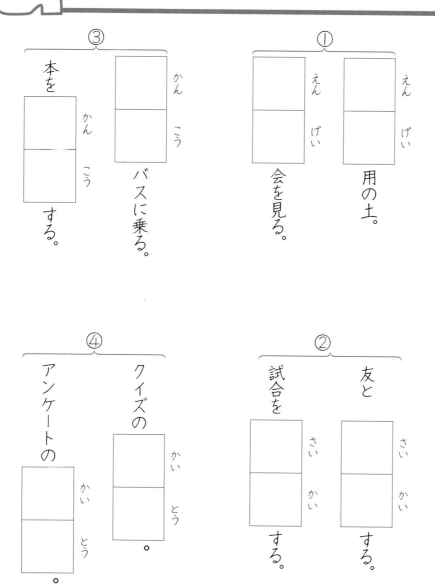

月　日

48 同音異義語③

次の文に合う熟語《じゅくご》を書きましょう。

①
本社と□《し》□《しゃ》。
えい画の□《し》□《しゃ》会。

②
□《さん》□《せい》雨。
□《さん》□《せい》意見。

③
□《こう》□《か》な品物。
□《こう》□《か》的な方法。

④
身分□《しょう》□《めい》書。
□《しょう》□《めい》器具を買う。

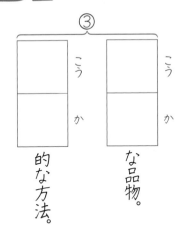

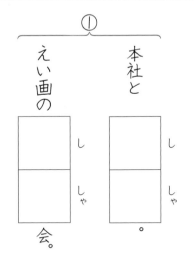

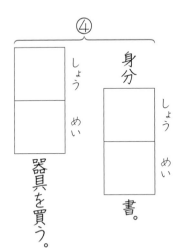

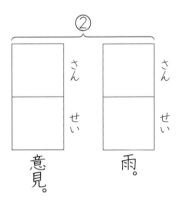

49 同音異義語④

次の文に合う熟語《じゅくご》を書きましょう。

①
児童会□□《かいちょう》。
車が□□《かいちょう》に走る。

②
ふるさとに□□《きせい》する。
□□《きせい》虫。

③
□□《ほけん》室。
□□《ほけん》会社。

④
社会の□□《しりょう》集。
□□《しりょう》用の草。

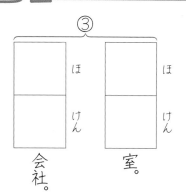

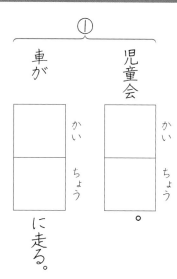

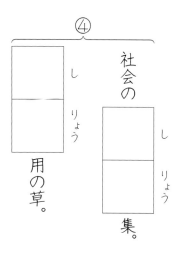

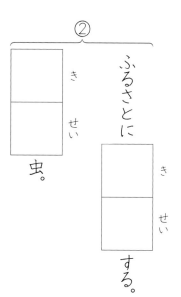

50 類義語①

意味の似《に》ている言葉を類義語《るいぎご》といいます。次の熟語《じゅくご》と意味が似ている熟語を、□から選んで書きましょう。

① 賛成《さんせい》 ― □□

② 注意 ― □□

③ 長所 ― □□

④ 心配 ― □□

⑤ 準備《じゅんび》 ― □□

⑥ 成長 ― □□

⑦ 大切 ― □□

⑧ 回答 ― □□

重要　同意　用意　美点　返事　発育　不安　用心

51 類義語②

次の熟語《じゅくご》と意味の似《に》ている熟語を、□から選んで書きましょう。

① 向上 ― □□

② 理由 ― □□

③ 興味《きょうみ》 ― □□

④ 最近 ― □□

⑤ 欠点 ― □□

⑥ 安全 ― □□

⑦ 教育 ― □□

⑧ 勉強 ― □□

関心　昨今　進歩　短所

事情《じじょう》　無事　学習　指導《しどう》

52 熟字訓①

月　日

漢字の特別な読み方を熟字訓《じゅくじくん》と言います。

（　）に次の熟字訓の読みがなを書きましょう。

① 一人（　）

② 二人（　）

③ 一日（　）

④ 二日（　）

⑤ 二十日（　）

⑥ 七夕（　）

⑦ 昨日（　）

⑧ 今日（　）

⑨ 明日（　）

⑩ 今朝（　）

⑪ 今年（　）

⑫ 大人（　）

⑬ 父さん（　）

⑭ 姉さん（　）

⑮ 兄さん（　）

⑯ 母さん（　）

月　日

53 熟字訓②

（　）に次の熟字訓《じゅくじくん》の読みがなを書きましょう。

①友達（　）

②博士（　）

③迷子（　）

④上手（　）

⑤下手（　）

⑥真っ赤（　っ　）

⑦真っ青（　っ　）

⑧真面目（　）

⑨部屋（　）

⑩時計（　）

⑪眼鏡（　）

⑫手伝う（　）

⑬八百屋（　）

⑭果物（　）

⑮景色（　）

⑯清水（　）

⑰河原（　）

⑱川原（　）

54 熟字訓③

次の熟字訓《じゅくじくん》を漢字で書きましょう。

① けさ

② はかせ

③ ま つ さお

④ くだもの

⑤ めがね

⑥ てつだ う

⑦ まいご

⑧ たなばた

⑨ やおや

⑩ じょうず

⑪ へた

⑫ まじめ

月　日

55 漢字の書き①

次の漢字を書きましょう。

① げん ざい

② ふく ざつ

③ じょう けん

④ ぎ じゅつ

⑤ おう ふく

⑥ ぶつ ぞう

⑦ ぼう えき

⑧ ひょう ばん

⑨ ほ ご

⑩ じょう しき

⑪ はん ざい

⑫ せい しつ

56 漢字の書き②

月　日

次の漢字を書きましょう。

① こん ざつ

② じゅん び

③ ぎ む

④ はん だん

⑤ ぼう えい

⑥ れき し

⑦ こ せい

⑧ けい えい

⑨ かい てき

⑩ えい きゅう

⑪ じょう ほう

⑫ べん ご

月　日

57 漢字の書き③

次の漢字を書きましょう。

① さん そ

② せき にん

③ けん さ

④ ひょう か

⑤ てき おう

⑥ ぼう さい

⑦ ぶ し

⑧ えん ぎ

⑨ しゃ ざい

⑩ きょ か

⑪ か かく

⑫ き じゅん

月　日

58 漢字の読み①

次の漢字の読みがなを書きましょう。

① 制限（　　）

② 増刊（　　）

③ 禁句（　　）

④ 設備（　　）

⑤ 評判（　　）

⑥ 破損（　　）

⑦ 復興（　　）

⑧ 再燃（　　）

⑨ 独断（　　）

⑩ 授賞（　　）

⑪ 永久（　　）

⑫ 講演（　　）

月　日

59 漢字の読み②

次の漢字の読みがなを書きましょう。

① 資格（　　）

② 非常（　　）

③ 現象（　　）

④ 規則（　　）

⑤ 精製（　　）

⑥ 許容（　　）

⑦ 防犯（　　）

⑧ 能弁（　　）

⑨ 護衛（　　）

⑩ 情勢（　　）

⑪ 武術（　　）

⑫ 略歴（　　）

月　日

60 漢字の読み③

次の漢字の読みがなを書きましょう。

① 属性（　　）

② 経過（　　）

③ 総額（　　）

④ 比率（　　）

⑤ 責務（　　）

⑥ 絶賛（　　）

⑦ 解任（　　）

⑧ 鉱毒（　　）

⑨ 構造（　　）

⑩ 財団（　　）

⑪ 提示（　　）

⑫ 賞状（　　）

月　日

61 徒然草（つれづれぐさ）

徒然草　吉田兼好《よしだけんこう》

つれづれなるままに、
日暮《ひぐ》らし、すずりにむかひて、
心にうつりゆく
よしなしごとを、
そこはかとなく書きつくれば、
あやしうこそ
ものぐるほしけれ。

特にやるべきこともなくたいくつだったので、
一日中、すずりに向かって、
心にうかんでくる
いろいろなことを、
ただ書いていると、
ふしぎに
おかしな気分になってくる。

① 題名をひらがなで書きましょう。
（※文中にあります）

□□□□ぐさ

② 「日暮らし」とはどんな意味ですか。

（　　　）

㋐ せみの名前　㋑ 一日中
㋒ その日のお金でやっとくらす

③ 「よしなしごと」とはどんな意味ですか。

（　　　）

㋐ よい仕事
㋑ やってはいけないこと
㋒ とりとめのないこと

月　日

62 手ぶくろを買いに

とうとうぼうし屋が見つかりました。お母《かあ》さんが道々《みちみち》よく教えてくれた、黒い大きなシルクハットのぼうしのかんばんが、青い電灯に照らされてかかっていました。

子ぎつねは教えられた通り、トントンと戸をたたきました。

「こんばんは。」

すると、中では何かことこと音がしていましたがやがて、戸が一寸《いっすん》ほどゴロリとあいて、光の帯が道の白い雪の上に長くのびました。

子ぎつねはその光がまばゆかったので、Ⓐめんくらって、Ⓑまちがった方の手を、――お母さまが出しちゃいけないと言ってよく聞かせた方の手をすきまからさしこんでしまいました。

「このお手々にちょうどいい手ぶくろください。」

（新美南吉《にいみなんきち》／青空文庫）

① 子ぎつねが見つけた店は、何屋ですか。

（　　　　）

② その店の目印は何ですか。本文中に――を引きましょう。

③ Ⓐの意味を選びましょう。

㋐ こわがる

㋑ おどろく

㋒ うどんやそばを食べる

（　　　）

④ Ⓑ「まちがった方の手」と同じ意味の表現《ひょうげん》を文中から書きましょう。

（　　　　　　　　）

月　日

63 花のき村と盗人たち

むかし、花のき村に、五人組の盗人《ぬすびと》（どろぼう）がやって来ました。

それは、若竹《わかたけ》が、あちこちの空に、かぼそく、初々《ういうい》しい緑色の芽をのばしている初夏の昼で、松林では松ぜみが、ジイジイジイと鳴いていました。

盗人たちは、北から川にそってやって来ました。花のき村の入口のあたりは、すかんぽやうまごやしの生えた緑の野原で、子どもや牛が遊んでおりました。これだけを見ても、この村が平和な村であることが、盗人たちにはわかりました。

そして、こんな村には、お金やいい着物を持った家があるにちがいないと、もう喜《よろこ》んだのでありました。

（新美南吉《にいみなんきち》／青空文庫）

① 盗人は何人いますか。

（　　　　）

② 松林で鳴いているのは何ですか。

（　　　　）

③ 村が平和なことはどこでわかりますか。

・（　　　）緑の野原

・野原で（　　　）

④ 盗人が喜んだのはなぜですか。

（　　　　）

月　日

64 吾輩は猫である

吾輩《わがはい》（男の人が自分を指していう言葉）は猫《ねこ》である。（　Ⓐ　）はまだ無い。
どこで生れたかとんと見当がつかぬ。何でもうす暗いじめじめした所でニャーニャー泣いていた事だけは記おくしている。吾輩はここで始めて人間というものを見た。しかもあとで聞くとそれは書生《しょせい》という人間中で一番どう悪（性質がきょう悪で強いこと）な種族であったそうだ。この書生というのは時々われわれをつかまえてにて食うという話である。しかしその当時は何という考もなかったから別だん（とくべつ）おそろしいとも思わなかった。ただ彼のてのひらにのせられてスーと持ち上げられた時何だかフワフワした感じがあったばかりである。てのひらの上で少し落ちついて書生の顔を見たのがいわゆる人間というものの見始《みはじめ》であろう。

（夏目《なつめ》漱石《そうせき》／青空文庫）

① Ⓐに入る言葉を選びましょう。

㋐ 仲間　㋑ 名前　㋒ 首輪

（　　）

② とんとの意味を選びましょう。

（　　）

㋐ 最初は　㋑ うっすら　㋒ 少しも

③ 「吾輩」が「ニャーニャー泣いていた」所はどこですか。

（　　）

④ 「吾輩」が「始めて見た」のはだれですか。

（　　）

月　日

65 サーカスの少年

それから、二、三年もたった、後《のち》のことです。少年は、あるサーカス団《だん》に加わって、しょ国を流浪《るろう》（あてもなく、さまよい歩くこと）していました。自分の姉が、サーカス団に加わっているようなうわさを聞いたからでもありました。

サーカスの一座《いちざ》は、あるときは西に、あるときは東に、ところ定めず興行《こうぎょう》を続けて歩きました。真夏の空に、高いテントを張《は》って、あぶない芸当を演《えん》じたのです。

少年はつなわたりをしたり、さおの上で逆立《さかだ》ちをしたり、いろいろの軽業（身軽に演じるわざ）をするようになるまでは、どれほど、つらい目を見たかしれません。打たれたこともあれば、食物《しょくもつ》をへらされたこともあれば、けられたこともありました。彼は、いくたび泣いたかしれなかった。

（小川未明《おがわみめい》／青空文庫）

---

① 少年がサーカス団に加わった理由は何ですか。

（　　　　　　　　）

② 「興行」と同じような意味の言葉を選んで記号を書きましょう。

㋐ 移動《いどう》　㋑ 曲芸　㋒ 公演《こうえん》

（　　）

③ 少年がした軽業《かるわざ》を文中から二つ書きましょう。

（　　　　）（　　　　）

④ 少年が受けたつらい目は、文中でいくつ書かれていますか。

（　　）つ

66 竹取物語（たけとりものがたり）

月　日

今は昔、竹取《たけとり》の翁（おきな）《おじいさん》といふ《う》者ありけり。野山にまじりて竹を取りつつ、よろづ《ず》のことに使ひ《い》けり。名をば、さぬきのみやつことなむ《ん》いひ《い》ける。

その竹の中に、もと光る竹なむ《ん》一すじありける。あやしがりて、寄《よ》りて見るに、つつの中光りたり。それを見れば、Ⓐ三寸《さんすん》ばかりなる人、いとうつくしうてゐ《い》たり。

翁言ふ《う》や《よ》う、

「われ、朝ごと夕ごとに見る竹の中におは《わ》するにて知りぬ。子になりたまふ《う》べき人なめり。」

とて、手にうち入れて、家へ持ちて来ぬ。妻《つま》の嫗（おうな）《おばあさん》にあずけて養《やしな》は《わ》す。うつくしきこと、限《かぎ》りなし。いとを《お》さなければ、かごに入れて養ふ《う》。

---

① 翁の名前は何と言いますか。

㋐ 竹取　㋑ よろづ　㋒ さぬきのみやつこ

（　　）

② Ⓐ——は、どこにいましたか。

□□□

③ Ⓐの人は、のちに何とよばれましたか。

㋐ かぐやひめ　㋑ たけやひめ　㋒ ひかりひめ

（　　）

④ 翁と嫗の関係を選びましょう。

㋐ 友人　㋑ 夫婦《ふうふ》　㋒ 兄弟姉妹

（　　）

67 注文の多い料理店

月　日

それはだいぶの山おくでした。案内してきた専門《せんもん》の鉄ぽう打ちも、ちょっとまごついて、どこかへ行ってしまったくらいの山おくでした。

それに、あんまり山がものすごいので、その白くまのような犬が、二ひきいっしょに目まいを起こして、しばらくうなって、それからあわをはいて死んでしまいました。

「じつにぼくは、二千四百円の損害《そんがい》だ。」と一人のしんしが、その犬のまぶたを、ちょっと返してみて言いました。

「ぼくは二千八百円の損害だ。」と、もう一人が、（　Ⓐ　）そうに、頭を曲げて言いました。

はじめのしんしは、少し顔色を悪くして、じっと、もう一人のしんしの、顔つきを見ながら言いました。

「ぼくはもうもどろうと思う。」

（宮沢賢治《みやざわけんじ》／青空文庫）

---

① 二人のしんしは今どこにいますか。

（　　　　　　の　　　　　　）

② 「まごつく」の意味を選びましょう。

㋐ こわくなる　㋑ はらを立てる

㋒ 迷《まよ》ってうろうろする

（　　　）

③ 二千四百円、二千八百円とは何の価《か》格《かく》ですか。

（　　　）

④ Ⓐに入る言葉を選びましょう。

㋐ たのし　㋑ いた　㋒ くやし

（　　　）

68 一ふさの ぶどう

ぼくはかわいい顔はしていたかもしれないが体も心も弱い子でした。

その上おくびょう者で、言いたいことも言わずにすますような質《たち》でした。

（Ⓐ）あんまり人からは、かわいがられなかったし、友達《ともだち》もない方でした。

昼ご飯がすむと他の子ども達は活発に運動場に出て走り回って遊び始めましたが、ぼくだけはなおさらその日は変に心がしずんで、一人だけ教場《きょうじょう》（教室）に入っていました。

外が明るいだけに教場の中は暗くなってぼくの心の中のようでした。自分の席にすわっていながらぼくの眼《め》は時々ジムのテーブルの方に走りました。

（有島武郎《ありしまたけお》／青空文庫）

---

① 「ぼく」は何が弱い子でしたか。

（　　　）（　　　）

② Ⓐに入る言葉を選びましょう。

㋐ だから　㋑ でも　㋒ なぜなら

（　　　）

③ 昼ご飯がすむと、「ぼく」は何をしていましたか。

（　　　）

④ 教場の中は何のようでしたか。

（　　　）

69 枕草子（まくらのそうし）

枕草子

清少納言《せいしょうなごん》

□はあけぼの。
やうやう《よ》白くなりゆく山ぎは《わ》、
すこしあかりて、むらさきだちたる
雲のほそくたなびきたる。

夏は夜。
月の頃《ころ》はさらなり、やみもなほ《お》、
ほたるのおほ《お》く飛びちがひ《い》たる。
また、ただ一つ二つなど、
ほのかにうち光りて行くもをかし《お》。
雨などふるもをかし。

---

① □に入る季節を書きましょう。
（　　）

② 「あけぼの」の意味を選びましょう。
㋐ お花見　㋑ 明け方
㋒ 昼ごろ
（　　）

③ 「さらなり」の意味を選びましょう。
㋐ お皿のようだ　㋑ 新しい
㋒ 言うまでもない
（　　）

④ 「をかし」の意味を選びましょう。
㋐ よいものだ　㋑ おいしい
㋒ わらってしまう
（　　）

70 平家物語（へいけものがたり）

祇園精舎《ぎおんしょうじゃ》のかねの声、
諸行無常《しょぎょうむじょう》のひびきあり。
沙羅双樹《しゃらそうじゅ》の花の色、
盛者必衰《じょうしゃひっすい》のことわりをあらは《（わ）》す。
おごれる人も久《ひさ》しからず、
ただ春の夜《よ》の夢《ゆめ》のごとし。
たけき者もつひ《（い）》にはほろびぬ、
ひとへ《（え）》に風の前のちりに同じ。

祇園精舎のかねの音には、あらゆるものが変わっていくというひびきがある。
沙羅双樹の花の色は、どんなに勢いがさかんな者も必ずおとろえる。えらそうにしている者もその栄えは続かず、春の夜の夢のようである。勢《いきお》いさかんではげしい者も、結局はほろびてしまい、まさに風で飛んでいくちりと同じである。

① 「ことわり」の意味を選びましょう。

㋐ たのみごと等を聞かないこと
㋑ 物事《ものごと》の道理や真理
㋒ 昔からのためになる言葉

（　　）

② 「おごれる人」の意味を選びましょう。

㋐ ごちそうをしてくれる人
㋑ いばっている人
㋒ 泳げない人

（　　）

③ 「ひとへに」の意味を選びましょう。

㋐ 人間らしい
㋑ まったく
㋒ 強くふく

（　　）

月　日

71 熱を下げる

かぜを引いて熱が出たことがあるでしょう。熱を下げるのは、体のどこを冷やせばいいのでしょうか。

熱を下げるには、血液《けつえき》を冷やすことが必要です。（Ⓐ）、太い血管が皮ふのすぐ下を通っているところを冷やします。

太い血管が通っているところは、首の両側、わきの下、足の付け根などです。それらを冷やすと効果的《こうかてき》です。

熱を下げるには、おでこを冷やすといいと思っている人もいるかもしれません。おでこを冷やすと、頭痛《ずつう》をおさえたり、気分を良くしたりするという効果はありますが、熱を下げる効果はほとんどありません。

---

① 熱を下げるのに何が必要ですか。

（　　　　　　　　こと）

② Ⓐに入る言葉を選びましょう。

㋐ しかし　㋑ また　㋒ だから

（　　　）

③ 太い血管が通っている体の場所を三つ書きましょう。

（　　　　　　）（　　　　　　）

（　　　　　　）

④ おでこを冷やす効果を書きましょう。

（　　　　　　　　）

（　　　　　　　　）

72 富士山

月　日

富士山《ふじさん》は山梨県と静岡県の県境《けんざかい》に位置する日本で一番高い山です。そのすがたは美しく、広大なすそ野は直径約四〇㎞もあります。二〇一三年には世界文化遺《い》産《さん》に登録されました。

高さは三七七六m。富士山のように大きく、い大な人間に「ミ（三）、ナ（七）、ナ（七）、ロウ（六）」という覚え方が知られています。

古くから神様としてうやまわれたり、小説や絵画に使われたりしています。日本で書かれた最も古い物語である「竹取物語」に、月に帰るかぐやひめからのおくり物の不老不死の薬を山のちょう上で焼くという記述《きじゅつ》があります。不死の薬を焼いた山ということで不死山＝富士山という名前がついたとも言われています。

---

① 富士山はどこにありますか。

（　　　　　　　　　　）

② 世界文化遺産に登録されたのはいつですか。

（　　　　　　　　　　）

③ 三七七六を「ミナナロウ」と読むことを「何合わせ」と言いますか。

㋐ 語呂《ごろ》　㋑ しゃれ　㋒ 数

（　　　）

④ 「竹取物語」で、山のちょう上で焼いたものは何ですか。

□□□□の薬

月　日

73 お寺と神社

日本にはお寺と神社がたくさんあります。お寺と神社は同じだと思っている人も多くいるかもしれません。

（　Ⓐ　）、お寺と神社は多くの点でちがっています。

お寺はインドで生まれた「仏教《ぶっきょう》」の建物で、神社は日本の宗教《しゅうきょう》の「神道《しんとう》」の建物です。お寺には、おしゃか様などの仏《ほとけ》様《さま》がまつられ、神社には、歴史に登場する神様や昔の人物や動物などもまつられています。

お寺は、そうりょ（おぼうさん）の修行《しゅぎょう》の場所で、神社は、形のない神様がすむための場所なのです。

お寺にはお墓《はか》があるのに、神社にはないのは、仏教は、なくなった人は仏様になるとされているのに対し、神社は、死をきらうと考えられているからです。

---

① Ⓐに入る言葉を選びましょう。

㋐ もしも　㋑ しかも　㋒ しかし

（　　）

② どこの国で生まれた宗教の建物ですか。

お寺…（　　）

神社…（　　）

③ お寺と神社は、それぞれ何のための場所ですか。本文中に――を引きましょう。

④ お墓がないのは、お寺か神社のどちらですか。

（　　）

月　日

74 神の使い？奈良公園の鹿

奈良公園付近には、約一二〇〇頭の鹿がすんでいます。ニュースなどで見たことがある人もいるでしょう。

「春日大社《かすがたいしゃ》の神様が鹿に乗ってやってきた」という伝説と春日大社の「鹿の角切り」が有名で、公園の鹿は、神社が飼育《しいく》していると思っているかもしれません。

（Ⓐ）、あの鹿は、野生のニホンジカで、奈良公園や若草山《わかくさやま》のしばを主食として生きている天然記念物《てんねんきねんぶつ》なのです。

鹿たちの生活は、規則《きそく》正しく、二〇頭ぐらいの集団で生活し、日の出にはえさ場に向かいます。

鹿がしばを食べフンをします。そのフンは土の中のフンコロガシのえさになり、フンコロガシから養分が作られ、しばが再生します。これが自然なのです。

---

① 奈良公園には約何頭の鹿がすんでいますか。

（　　　　）

② Ⓐに入る言葉を選びましょう。

㋐ だから　㋑ しかし　㋒ また

（　　　　）

③ 「飼育」と反対の意味になる二字の熟語《じゅくご》を文章から選びましょう。

（　　　　）

④ 鹿のフンをえさにしている生き物は何ですか。

（　　　　）

75 太平洋と大西洋

太平洋《たいへいよう》と大西洋《たいせいよう》という広い海があります。一文字目はどちらも「たい」と読みます。なぜ「太」と「大」のちがいがあるのでしょうか。

初めて世界一周に成功《せいこう》したマゼランという人が、太平洋を「パシフィック　オーシャン（おだやかな海）」と名付けました。日本語にやくされたときに、「おだやか」という意味の「太平」から、「太平洋」となりました。

大西洋は昔から「アトランティック　オーシャン」とよばれていました。今から四〇〇年ぐらい前に、中国にいたマテオ・リッチというせん教師《し》（神の教えを広める人）が、「ヨーロッパの西にある大きな海」という意味で「大西洋」と漢字で書いたのが始まりだそうです。

---

① 太平洋を「パシフィック　オーシャン」と名付けた人はだれですか。

（　　　　）

② その人は何をした人ですか。

（　　　　）

③ 「おだやか」と同じ意味の熟語《じゅくご》を文章から選びましょう。

（　　　　）

④ 「大西洋」は、どんな意味の言葉からできましたか。

（　　　　）

月　　日

76 牛乳パックのリサイクル

みなさんは、飲み終わった牛乳《ぎゅうにゅう》のパックをどうしていますか。ごみ箱にすてずに、あらって、広げて、かわかして回しゅうボックスに入れている人も多いと思います。

リサイクルされた牛乳パックは、トイレットペーパー、ティッシュペーパー、キッチンペーパーなどに再生《さいせい》されます。

一Lの牛乳パックは、三〇まいで六〇mのトイレットペーパー五個《こ》になるそうです。一人が一年間に使うトイレットペーパーの量は約五〇個なので、牛乳パック三〇〇まいで一人一年分のトイレットペーパーができます。

牛乳パックのリサイクルは、一ぱん的になりましたが、その割合《わりあい》は約四〇％だそうです。まだまだ、少ないのかもしれません。

---

① 牛乳パックを回しゅうボックスに入れるまでの手順を書きましょう。

（　　）→（　　）→（　　）

② リサイクルされた牛乳パックは、何に再生されますか。三つ書きましょう。

（　　）

（　　）

（　　）

③ トイレットペーパー一個を作るのに、牛乳パックが何まい必要ですか。

（　　）

④ 牛乳パックがリサイクルされる割合はどれくらいですか。

（　　）

77 ねこと ことわざ

「借りてきたねこ」ということわざがあります。ふだんとちがってとてもおとなしい様子を表すことわざです。

昔はねずみをとるために、よくねこの貸《か》し借りをしていたようです。しかし、よその家に連れて行かれたねこは、急におとなしくなってしまうことが多かったことから生まれた言葉です。

他にも、「ねこの（　Ⓐ　）も借りたい」ということわざもあります。とてもいそがしくしているときに、役に立たないねこにも、手伝ってほしい、そんな思いがことわざになったのでしょう。

ねこのことわざがいくつかあるのは、いつも身近にねこがいたからなのでしょう。

---

① ねこの貸し借りをしていたのはなぜですか。

（　　　　）

② Ⓐに入る漢字を選びましょう。

㋐ 目　㋑ 手　㋒ 子

（　　）

③ ねこのことわざがあるのはなぜだと筆者は言っていますか。

（　　　　）

④ ねこが使われていることわざを一つ書きましょう。

（　　　　）

月　日

78 にじ（虹）

雨上がりの空ににじ（虹）が出ているのを見たことがあるでしょう。どうして、にじが出るのでしょうか。

にじは、太陽の光が雨のつぶを通過《つうか》するときにできます。光には、水の中を通るとき、曲がるという性質《せいしつ》があります。

光は白っぽく見えますが、いくつかの色が混《ま》ざり合ってできています。

水のつぶを通過するとき、それぞれの色の曲がる角度がちがうために、もともとの光の色が現《あらわ》れるのです。にじは空だけでなく、たきやホースの水のそばで見ることもできます。

日本では、にじは赤、だいだい、黄、緑、青、あい、むらさきの七色ですが、アメリカやイギリスではあい色を区別せず六色で、ドイツではだいだいも区別せず五色と言われています。

---

① にじは、太陽の光が何を通過するときにできますか。

（　　　　　　　　　　）

② 光にはどんな性質がありますか。

（　　　　　　　　　　）

③ にじは空以外にどこで見えますか。

（　　　　　　　　　　）

④ ドイツのにじの五色を書きましょう。

（　　　）（　　　）（　　　）

（　　　）（　　　）

月　日

79 うさぎの教え方

うさぎの数え方を知っていますか。一羽《わ》二羽と鳥と同じ数え方をします。それはなぜでしょうか。

　有力な説は、長い耳が鳥の羽に見える、皮をはいだすがたが羽《はね》をむしった鳥と似《に》ている、こっ格が鳥に似ているなどという説です。四本足の動物を食べることができなかったおぼうさんが、ピョンピョンとはねる野うさぎを、鳥と言って食べていたという説もあります。

（Ⓐ）、うさぎの中に、「う」と「さぎ」の二つの鳥の名前があることから、りょう師《し》が「羽」と数えるようになった、うさぎの後足で立ち上がるすがたが二本足で立つ鳥に似ているという説もあります。

　ふつうは、一ぴき、二ひきとうさぎを数えることが多いようです。

---

① うさぎは、何の動物の数え方と同じですか。

（　　　　）

② その理由は、上の文章ではいくつ書いてありますか。

（　　　　）つ

③ Ⓐに入る言葉を選びましょう。

㋐ でも　㋑ もし　㋒ また

（　　　　）

④ うさぎの中にある二つの鳥の名前を書きましょう。

（　　　　）（　　　　）

月　日

80 一寸法師の身長は？

みなさんは「一寸法師《いっすんぼうし》」という昔話を知っていますか。

体が一寸しかない者が、都のとの様に仕え、ある日、出会ったおにをやっつけて、打ち出の小づちで、大きくりっぱな青年になったというお話です。

一寸というのは、昔からの長さの単位です。親指のはばが元につくられたもので、約三cmです。

一寸法師は、おわんのふねに乗って、おはしのかいで、川を上り京の都へ行きましたが、おわんは、ふつう直径が一二cm、深さが六cmぐらいあり、おはしの長さは、子ども用でも一八cm前後あります。

身長約三cmの一寸法師にとっては、おわんのふねは大きく、おはしのかいは長くてあつかいにくかったかもしれませんね。

※かい…水をかいてふねを進ませる道具。オール。打ち出の小づち…それをふれば何でも出てくるという物を打ちつける道具。

---

① 一寸は、何を元につくられましたか。

（　　　　）

② 一寸は、約何cmですか。

（　　　　）

③ 一寸法師は、何に乗って、どこへ行きましたか。

（　　　　）に乗って

（　　　　）へ行った。

④ 一寸法師には、ふねやかいがあつかいにくかったかもしれないのはどうしてですか。

おわんのふねは（　　　　）、

おはしのかいは（　　　　）から。

答え

1
① ㋓
② ㋒
③ ㋔
④ ㋑
⑤ ㋐
⑥ ㋒

2
①－㋑
②－㋒
③－㋐

3
[1] ① ㋐
② ㋒
③ ㋑
[2] ① ㋒
② ㋑
③ ㋐

4
① ×
② ○
③ ×
④ ×
⑤ ○

5
① ㋔・㋗
② ㋒・㋙
③ ㋕・㋘
④ ㋓・㋐
⑤ ㋑・㋖

6
[1] ①－㋑　②－㋒　③－㋐
[2] 作者・筆者

7
① ほっかいどう
② あおもり
③ とちぎ
④ ぎふ
⑤ しずおか
⑥ きょうと
⑦ ひょうご
⑧ とっとり
⑨ こうち
⑩ おきなわ

8
① いずも
② ひゅうが
③ つしま
④ みまさか
⑤ ももち
⑥ くだら
⑦ しがらき
⑧ ふっつ
⑨ しゃくじい
⑩ てしかが

9

	主（――）	述（～～）
①	わたしは	読みました
②	雨が	ふった
③	花火大会が	あった
④	花が	さいた
⑤	おすしは	おいしいな

答え

10

	主（――）		述（～～）	
①	雨が	風が	ふり	ふいた
②	弟が	兄が	走り	追いかけた
③	姉が	本は	読んだ	おもしろい
④	わたしが	カレーは	食べた	からかった
⑤	父が	料理は	作った	おいしい

11
① だから
② しかし
③ さらに
④ なぜなら
⑤ それとも

12
① から
② けど
③ ば
④ も
⑤ と

13

①	㋑	②	㋑	③	㋒
④	㋐	⑤	㋑	⑥	㋒
⑦	㋑	⑧	㋐	⑨	㋒
⑩	㋐	⑪	㋒	⑫	㋐

14

	漢語	和語
①	しきし	いろがみ
②	そうげん	くさはら
③	こっきょう	くにざかい
④	ふうしゃ	かざぐるま
⑤	しじょう	いちば

15

	ひらがな	漢字
①	あおぞら	青空
②	むかしばなし	昔話
③	しらゆき	白雪
④	あまぐも	雨雲
⑤	かざぐるま	風車

16
① ㋕
② ㋓
③ ㋔
④ ㋑
⑤ ㋐
⑥ ㋒

17
①―㋓
②―㋐
③―㋑
④―㋒
⑤―㋔
⑥―㋖
⑦―㋕

18
①―㋑
②―㋒
③―㋓
④―㋐
⑤―㋕
⑥―㋖
⑦―㋔

答え

19 ①ー㋒
②ー㋐
③ー㋓
④ー㋑
⑤ー㋔

20 ①ー㋒
②ー㋐
③ー㋑
④ー㋔
⑤ー㋓

21 ① は
② た
③ た
④ は
⑤ た
⑥ は

22 ①ー㋑ーⒹ
②ー㋐ーⒸ
③ー㋓ーⒷ
④ー㋒ーⒶ

23 ① 花 ・三本
② きのう ・雨
③ 東京 ・十時
④ 姉 ・絵
⑤ あした ・どこ

24 ① 広さ ② 暑さ
③ 遠さ ④ 遊び
⑤ 笑い ⑥ 走り
⑦ 急ぎ ⑧ 好み

25 ① 走る
② 見えた
③ かがやく
④ あらった
⑤ ある

26 ① 喜ん
② 歌おう
③ 行け
④ 走れ
⑤ いて

27 ① 美しい
② おいしかった
③ 冷たい
④ なつかしい
⑤ 新しい

28 ① 白く
② 安ければ
③ 暑かっ
④ 広けれ・広い

答え

29 ① にぎやかだ
② 元気だ
③ 好きだ
④ きれいな
⑤ 上品そうな

30 ① さっと
② ずっと
③ かなり
④ ぞろぞろ
⑤ とても

31 ① 間接 ② 敗北
③ 反対 ④ 不潔
⑤ 減少 ⑥ 解散
⑦ 結果 ⑧ 得意
⑨ 団体 ⑩ 相対

32 ① 理想
② 許可
③ 精神
④ 固定
⑤ 形式

33 ① 治・直
② 量・測
③ 務・努
④ 移・写

34 ① 敗・破
② 鳴・泣
③ 著・現
④ 暑・熱・厚

35 ・河川 ・計画
・想像 ・救助
・増加 ・減少
・清潔 ・応答
・過去 ・停止

36 ・損得 ・貸借 ・授受
・悲喜 ・往復 ・夫婦
・貧富 ・文武 ・増減
・新旧

37 ① 一刀両断
（いっとうりょうだん）
② 右往左往
（うおうさおう）
③ 運転技術
（うんてんぎじゅつ）
④ 衛星放送
（えいせいほうそう）
⑤ 液体燃料
（えきたいねんりょう）
⑥ 快速電車
（かいそくでんしゃ）
⑦ 各駅停車
（かくえきていしゃ）
⑧ 気象観測
（きしょうかんそく）

答え

38
① 血液検査
（けつえきけんさ）
② 健康保険
（けんこうほけん）
③ 言語道断
（ごんごどうだん）
④ 講和条約
（こうわじょうやく）
⑤ 再三再四
（さいさんさいし）
⑥ 自画自賛
（じがじさん）
⑦ 予防接種
（よぼうせっしゅ）
⑧ 修学旅行
（しゅうがくりょこう）

39
① 植物採集
（しょくぶつさいしゅう）
② 賞味期限
（しょうみきげん）
③ 義務教育
（ぎむきょういく）
④ 適材適所
（てきざいてきしょ）
⑤ 天気予報
（てんきよほう）
⑥ 一挙両得
（いっきょりょうとく）
⑦ 独立独歩
（どくりつどっぽ）
⑧ 全知全能
（ぜんちぜんのう）

40
① 絶体絶命
（ぜったいぜつめい）
② 反面教師
（はんめんきょうし）
③ 国際連合
（こくさいれんごう）
④ 暴飲暴食
（ぼういんぼうしょく）
⑤ 防災訓練
（ぼうさいくんれん）
⑥ 予行演習
（よこうえんしゅう）
⑦ 天下統一
（てんかとういつ）
⑧ 加工貿易
（かこうぼうえき）

41
① 衛　② 桜
③ 可　④ 粉

42
① 犯　② 報
③ 容　④ 統

43
① 武　② 仮
③ 基　④ 移

答え

44 ① 営む ② 確かめる
③ 断る ④ 費やす
⑤ 増える ⑥ 導く
⑦ 潔い ⑧ 現れる

45 ① 志す ② 告げる
③ 責める ④ 任す
⑤ 混じる ⑥ 喜ぶ
⑦ 快い ⑧ 勢い

46 ① 快晴
改正
② 完成
感性
③ 医師
意志
④ 衛生
衛星

47 ① 園芸
演芸
② 再会
再開
③ 観光
刊行
④ 解答
回答

48 ① 支社
試写
② 酸性
賛成
③ 高価
効果
④ 証明
照明

49 ① 会長
快調
② 帰省
寄生
③ 保健
保険
④ 資料
飼料

50 ① 同意 ② 用心
③ 美点 ④ 不安
⑤ 用意 ⑥ 発育
⑦ 重要 ⑧ 返事

51 ① 進歩 ② 事情
③ 関心 ④ 昨今
⑤ 短所 ⑥ 無事
⑦ 指導 ⑧ 学習

答え

52
① ひとり ② ふたり
③ ついたち ④ ふつか
⑤ はつか ⑥ たなばた
⑦ きのう ⑧ きょう
⑨ あす ⑩ けさ
⑪ ことし ⑫ おとな
⑬ とう（さん） ⑭ ねえ（さん）
⑮ にい（さん） ⑯ かあ（さん）

53
① ともだち ② はかせ
③ まいご ④ じょうず
⑤ へた ⑥ まっか
⑦ まっさお ⑧ まじめ
⑨ へや ⑩ とけい
⑪ めがね ⑫ てつだ（う）
⑬ やおや ⑭ くだもの
⑮ けしき ⑯ しみず
⑰ かわら ⑱ かわら

54
① 今朝 ② 博士
③ 真っ青 ④ 果物
⑤ 眼鏡 ⑥ 手伝（う）
⑦ 迷子 ⑧ 七夕
⑨ 八百屋 ⑩ 上手
⑪ 下手 ⑫ 真面目

55
① 現在 ② 複雑 ③ 条件
④ 技術 ⑤ 往復 ⑥ 仏像
⑦ 貿易 ⑧ 評判 ⑨ 保護
⑩ 常識 ⑪ 犯罪 ⑫ 性質

56
① 混雑 ② 準備 ③ 義務
④ 判断 ⑤ 防衛 ⑥ 歴史
⑦ 個性 ⑧ 経営 ⑨ 快適
⑩ 永久 ⑪ 情報 ⑫ 弁護

57
① 酸素 ② 責任 ③ 検査
④ 評価 ⑤ 適応 ⑥ 防災
⑦ 武士 ⑧ 演技 ⑨ 謝罪
⑩ 許可 ⑪ 価格 ⑫ 基準

58
① せいげん ② ぞうかん
③ きんく ④ せつび
⑤ ひょうばん ⑥ はそん
⑦ ふっこう ⑧ さいねん
⑨ どくだん ⑩ じゅしょう
⑪ えいきゅう ⑫ こうえん

59
① しかく ② ひじょう
③ げんしょう ④ きそく
⑤ せいせい ⑥ きょよう
⑦ ぼうはん ⑧ のうべん
⑨ ごえい ⑩ じょうせい
⑪ ぶじゅつ ⑫ りゃくれき

60
① ぞくせい ② けいか
③ そうがく ④ ひりつ
⑤ せきむ ⑥ ぜっさん
⑦ かいにん ⑧ こうどく
⑨ こうぞう ⑩ ざいだん
⑪ ていじ ⑫ しょうじょう

答え

61 ① つれづれぐさ
② ㋑
③ ㋒

62 ① ぼうし屋
② 黒い大きなシルクハットのぼうしのかんばん
③ ㋑
④ お母さまが出しちゃいけないと言ってよく聞かせた方の手

63 ① 五人
② 松ぜみ
③ ・すかんぽやうまごやしの生えた（緑の野原）
・（野原で）子どもや牛が遊んでいる
④ この（こんな）村にはお金やいい着物を持った家があるにちがいないと思ったから。

64 ① ㋑
② ㋒
③ うす暗いじめじめした所
④ 人間というもの（書生）

65 ① 自分の姉が、サーカス団に加わっているようなうわさを聞いたから。
② ㋒
③ つなわたり・さおの上で逆立ち
④ 3（つ）

66 ① ㋒
② 竹の中
③ ㋐
④ ㋑

67 ① だいぶの山おく
② ㋒
③ 犬
④ ㋒

68 ① 体、心
② ㋐
③ 一人だけで教場に入っていた。
④ ぼくの心の中のようだった

69 ① 春
② ㋑
③ ㋒
④ ㋐

70 ① ㋑
② ㋑
③ ㋑

71 ① 血液を冷やすこと
② ㋒
③ 首の両側、わきの下、足の付け根
④ 頭痛をおさえる、気分を良くする

答え

72 ① 山梨県と静岡県の県境
② 二〇一三年（2013 年）
③ ㋐
④ 不老不死

73 ① ㋒
② お寺－インド、神社－日本
③ お寺－そうりょの修業の場所
神社－形のない神様がすむための場所。
④ 神社

74 ① 約一二〇〇頭（1200 頭）
② ㋑
③ 野生
④ フンコロガシ

75 ① マゼラン
② 初めて世界一周に成功した人
③ 太平
④ ヨーロッパの西にある大きな海

76 ① あらう
→広げる
→かわかす
② トイレットペーパー、
ティッシュペーパー、
キッチンペーパー
③ 6まい（30 ÷ 5 ＝ 6）
④ 約四〇%（40%）

77 ① ねずみをとるため
② ㋑
③ いつも身近にねこがいたから
④ 魚（うお）をねこに預ける
きゅうそねこをかむ
上手のねこがつめをかくす
鳴くねこはねずみをとらぬ
ねこに小ばん
ねこの首にすずをつける
など

78 ① 雨のつぶ
② 水の中を通るとき曲がる
（という性質）
③ たきやホースの水のそば
④ 赤、黄、緑、青、むらさき

79 ① 鳥
② 6つ
③ ㋒
④ う、さぎ

80 ① 親指のはば
② 約三㎝
③ おわんのふね、京の都
④ 大きく・長い